दिल की बातें

सत्या (Satyendra Vasantrao Kate)

BookLeaf Publishing
India | USA | UK

Made with ❤ on the BookLeaf Publishing Platform
www.bookleafpub.in
www.bookleafpub.com

Dedication

"कुछ लिखना जब आप दिल से ठान लेते हो,
सच तब ही दिल की गहराई जान लेते हो!"

माता पिता, परिवार, और दोस्तों के निस्वार्थ प्यार को लेकर मेरा यह एक छोटा सा प्रयास सभी को समर्पित।

मेरी कही उन रूहानी रिश्तों के नाम समर्पित, जिनकी बदौलत मैं शब्दों की माला पिरो पाया !

मेरी कलम का हर लफ़्ज़... उन सभी के लिए, जो शब्दों से प्यार करते हैं।मेरी खामोशी जो भी सुनना चाहते है, यह पन्ने दिल से उन्हीं के नाम करता हूँ।

Preface

शब्द जब संवेदनाओं का साथ पाते हैं, तो कविता बन जाते हैं। मेरे लिए कविता लिखना केवल कोरे कागज पर स्याही बिखेरना नहीं, बल्कि अपने भीतर के शोर को शांत करने का एक प्रयास रहा है।

इस कविता संग्रह, "दिल की बातें", की यात्रा मेरे जीवन के उन कोनों से गुजरी है जहाँ कभी शोर था तो कभी सन्नाटा। इसमें शामिल हर रचना किसी न किसी अनकही कसक की गूँज है। यह कविताएँ प्रेम की निश्छल गलियों में सुकून तलाशती हैं।

मैं उन सभी का आभारी हूँ जिन्होंने मुझे शब्दों की इस जादुई दुनिया में बने रहने का हौसला दिया।

उम्मीद है, ये कविताएँ आपके दिल के किसी कोने में अपनी जगह बना पाएंगी।

सत्या....

Acknowledgements

मेरी कविताओं का यह संग्रह, 'दिल की बातें, मेरे दिल के बहुत करीब है। इस किताब को हकीकत बनाने में कई लोगों का प्यार और सहयोग रहा है, जिनके प्रति मैं हृदय से आभारी हूँ।

सबसे पहले, मैं अपने माता-पिता को धन्यवाद देना चाहता हूँ, जिनके आशीर्वाद बिना यह सफर नामुमकिन था। मेरे परिवार, दोस्तों और मार्गदर्शकों ने मुझे निरंतर लिखते रहने के लिए प्रोत्साहित किया।

मैं बुक लीफ पब्लिकेशन्स का विशेष रूप से आभारी हूँ, जिन्होंने मुझ पर भरोसा जताया और एक मंच प्रदान कर इस किताब को सही दिशा दी।

अंत में, मैं अपने सभी पाठकों को धन्यवाद देता हूँ, जिनकी वजह से शब्द जीवित रहते हैं।

सत्या
मुंबई

1. सपने बुनते हैं

दिल मे बंद ज़ज्बात अब खुलते हैं,
चलो यूँही बेआवाज़ बातें सुनते हैं,
छूटे कल तक राहों में किसी वज़ह से,
अधूरे रहे थे जो वहीं सपने बुनते हैं.....सपने बुनते हैं.....

समेटकर उसकी हसीं छबी आँखों में,
चलो गलियारे पलकों के सारे मूंदते हैं...गलियारे मूंदते हैं...

वक्त बेवक्त बिखरे गए थे जो सफ़र में,
राहों से उन्ही हर एक वो मोती चुनते हैं...मोती चुनते हैं...

काट रक्खे थे पंख अपने हालात ने,
लहराती पतंग बन आसमाँ में उड़ते हैं...आसमाँ में उड़ते हैं...

2. क्यों

जब मैं टूटा हूँ तो फिर से जोड़ते क्यों हो,
फिर नए मरहम ज़ख़्मों पर छोड़ते क्यों हो.....छोड़ते क्यों हो....

मान चुका हूँ जब के सफ़र तन्हा है अब मेरा,
उसकी गली के मोड़ पर लाकर छोड़ते क्यों हो....छोड़ते क्यों हो....

किसी तरह से उसे भुलाने की फिराक में हूँ,
उसी महफ़िल की ओर रूख मोड़ते क्यों हो....मोड़ते क्यों हो..

क्यों नहीं देते छोड़ मुझे मेरे हालात पर यूँही,
मज़ार पर मेरी फूलों की चादर ओढ़ते क्यों हो....ओढ़ते क्यों हो...

3. काश और शायद

काश और शायद के बीच कहीं मैं उलझा हूँ,
और लोग कहते है की सही मैं सुलझा हूँ....

गुजर रही है दौरे ज़िंदगी कश्मकश ही में यहाँ,
दहकते अंगारे है बिखरे पर भीतर बूझा बूझा हूँ....

ये तो दुनिया ही है जो मुझे पलकों पर उठाए है,
किसीसे मैने कब कहा है की मैं यहाँ का ख़ुदा हूँ...

काश के गढ़ा होता ज़मीं में एक मुक़म्मल पेड़सा,
पता नही पर शायद मैं ख़ुद ही जड़ से उखड़ा हूँ ....

काश और शायद के बीच कहीं मैं उलझा हूँ,
और लोग कहते है की सही मैं सुलझा हूँ....

4. लिखा बहुत कुछ है

लिखा बहुत कुछ तो है पर कहने की हैसियत तो नहीं,
इश्क़ में बयां कर दूँ सब इतनी सी कैफ़ियत तो नहीं...

लोगों के लिए आम होंगी मेरी कुछ कही लिखी बातें,
जुदा सभी से मेरे लिए ये कोई कम रिवायत तो नहीं...

सवाब मांग लेते है लोग ख़ुदा से यहाँ जहाँ भर के,
चंद पन्नों के सिवा अता जिंदगी कोई इनायत तो नहीं...

सफ़र में प्यार भरे क्यों ख़लल देते हो तुम अक्सर,
इनके सिवा ज़िंदगी में तुमसे कोई शिकायत तो नहीं...

याद हैं सभी को ख़ुदा के सजदे में लिखी आयत,
मुझको इश्क़ जुबानी याद क्या हुआ जो आयत तो नहीं...

सोचते हैं दिल ही दिल में इश्क़ से फ़ासले निभाने की,
सोच यह छोड़ दे पगले के यह कोई क़यामत तो नहीं...

क्यों लोग सिमटे से रहते है अदना सी सोच के घरोंदे में,
आजमा देख के इश्क़ से बड़ी जहाँ में रियासत तो नहीं...

5. सहमी हुई हसीं

दर्द वह सहमी हुई हसीं में छुपाती क्यों हो,
अपने एहसासों को आहों में दबाती क्यों हो,
उड़ने दो खुलकर अरमानों के परवाजों को,
चाहत उड़ने की है तो पंख मिटाती क्यों हो...

इतना भी अच्छा नहीं सनम खुदको रोक लेना,
टीस उठती है जब तो अश्क भुलाती क्यों हो...

लगता है अब कुछ थम गयी है आँच दिल की,
दिल ही में अश्कों से इनको बुझाती क्यों हो ....

बोझ कुछ कम होने दो दिल से जरासा सही,
हर घडी आँसू छलकने से रूकाती क्यों हो...

उठते हैं जो तो उठने दो इन्कलाब जहाँभरमें,
आते आते लब तक लफ्जों को रुकाती क्यों हो...

6. खुशबुओं से भरी

खुशबुओं से भरी तुम खुशबुओं का लुत्फ उठा रही हो,
मुझसा खुशनसीब मै ही जो आकर मुझमें समा रही हो..

इस रात को सुबह से बाँटना नहीं चाहता मैं कभी,
जब यहाँ तुम बाहों की गिरफ्त में मुस्करा रही हो...

चादर कोहरे की जैसे तान दी है सियाह रात ने,
एक नूर की किरण सी बस तुम झिलमिला रही हो...

महसूस होता है की एक साथ बज रहे जैसे साज कई,
हर धडकन जैसे ज़िंदगी का कोई गीत गा रही हो...

7. सामना

तेरे शहर में हुआ है मेरा फिर लौट आना,
दिल के हाथों मजबूर चला आया दिवाना,
अपने यकीन पर है मुझे अब भी यकीन,
के किसी मोड़ पर होगा तेरा मेरा सामना...

तेरी यादों पर ही बसर करता रहा हूँ बस मैं,
तेरी सूरत निहारे गुज़री सदियां मेरे आशना...

सम्हाल लेना तुम भी दिल के एहसासों को,
रुक ना जाये कहीं धडकन हुआ जो सामना...

सोचता हूँ वो मंजर जब वो मेरे रुबरू होगा,
बस उसी हसीन लम्हात को मुझे है थामना...

8. किसी रोज़

अगर किसी रोज़ जो गुजरना होगा तेरी गली से,
झुककर सदका करूँगा दर पर एक कली से...

वो नज़ारा होगा कुछ ग़ज़ब का देखने लायक,
जब देखते रह जाएंगे चौंककर वो सवाली से ...

झलक जाएगी उसके गालों पर जब मासूम हसीं,
ठहरे हुए एहसास में सैलाब सा आएगा उस हसीं से...

दीवानों सा भर लूँगा आँखों में उसको जी भरकर,
उम्र ये सारी गुजार लूँगा फिर यूँ ही बेख़याली से...

9. ख़यालात

दिल के ख़यालात दिल ही जान सकता है,
राज कई छुपाए हुए बेज़ुबान सा रहता है,
बस अपनी ही बेखयाली में यहाँ होकर भी,
हक़ीक़त से परे अनजान खुदको रखता है...

जानता है उसकी मंज़िल के रास्ते है जुदा,
दिल ही दिल फिर उसी राह पर निकलता है...

थी उसी ने ये चोट लगायी बड़ी बेफिक्री से,
जानकर भी ये बस फ़िक्र उसी की करता है...

ज़ख्म पाकर रोना तो अब आदत है इसकी,
फ़िर भी रब जाने ये क्यों नही सम्हलता है...

10. मंजूर है

तेरे होठों की कैद में रहना मंजूर है मुझे,
तेरे पलकों की झील में तैरना मंजूर है मुझे,
क्यों कर मै करु तकरार रिहाई की तुझसे,
ताउम्र इस कैद में रहना मंजूर है मुझे...

कुछ लम्हें कभी कभी मानो वही थम जाते है,
उन्ही लम्हातों में थम जाना मंजूर है मुझे...

किताबें जिंदगी के पन्नों में सोच बनकर,
इत्र की महक सा घुलना मंजूर है मुझे...

एक मुक्कमल प्यार की सियाही बनकर,
मज़ार पर बिखर जाना मंजूर है मुझे...

11. तेरी हवाएँ

तेरी हवाएँ उड़ाकर मुझे ले चली है कहाँ,
सफ़र रुकने का नाम लेता नहीं जहाँ,
मुझपर मेरा कोई बस नहीं रह पाता,
ना जाने अब रुकना मेरा होगा कहाँ...

उसका हाथ थामे उड़ता फिरता हूँ बस,
है चंचल शोख हवाओं का जहाँ कारवां...

बादलों के परे एक नयी दुनिया का सफर,
इस जहाँ का नज़ारा सारा धुआँ धुआँ...

दिल कहें क्यों लौटना हक़ीक़त में,
रंजो गम सारे जो भूल जाता हूँ यहाँ....

12. आख़िरी पन्ना

तमन्ना यहीं थी और रहेगी हमेशा यहीं,
आख़िरी पन्ना बनूँ तेरी किताबे ज़िंदगी का...

यहीं हो सके तो यही मेरा हासिल सही,
मिले कुछ तो सिला मेरी बेपनाह बंदगी का....

रंग भले ना मिले मुझे कभी सतरंगी सही,
ज़िंदगी भर रहे रंग प्यार की सादगी का...

सुकून जो ढूँढता हूँ तुझमें खोने का कहीं,
मांग ले कोई भी ज़रिया मुझसे अदायगी का...

ना पाओ तन्हा ख़ुदको कभीभी कहीं,
साथ चले मेरा गहरा हर लफ़्ज़ शायरी का...

13. ख़यालों में

ख़यालों में तेरा आना, ठहरना और चले जाना,
हर लम्हें को मैं सम्हाले हुए हूं मेरी जाना,
मैं ही सोचता हूँ और मेरे ही काबू में है,
कैसे रोक पाएगी तू मेरी सोच जरा बताना...

जुदा होकर, रूठकर, दूर तुम चले गए,
तन्हा किस कदर मैं जी सकूंगा जरा बताना...

हक मैंने अपने दिल को दे रक्खा है फकत,
कैसे छिन पाएगी दिल से हक्क जरा बताना....

14. ख़याल में भरम

ख़याल में भरम यूँ घुल गया लगता है,
हर ओर तेरा ही एहसास लगा रहता है,
किसी का होना ना होना मायने नहीं रखता,
जब तेराही वज़ूद आसपास रहता है...

एक झंकार छिड़ी रहती है दिल के सितार में,
तेरी बतियों से हर पल संगीत बजता है...

चाहें तुम कुछ कहो या ना कहो लबों से,
दिल सुन लेता है हर लफ़्ज़ जो गूँजता है....

मैं कुछ भी कर लूं ख़ुद को ढूँढ नहीं पाता,
वक्त की दीवार में तेरा ही अक्स बसता है...

15. सफ़र

सफ़र का एक अपना उसूल होता है,
कोई हो ना हो पर ख़याल जरूर होता है,
हवाओं में मदहोश इत्र सा बिखेरता
निगाहों पर यादों का जुनून होता है...

तितलियां नाजूक जज्बातों की वो सारी,
हो कैद ना कभी दिल की गिरफ्त में,
उड़ने दो इन्हें खुले आसमां में चारसू,
रंग प्यार के बिखरने से सुकून होता है ...

यादों की कश्तियों से मुख़ातिब रहना,
हर सिम्त साथ दोस्त का हासिल रखना,
मान ले हक़ीक़त से वाकिफ़ हो जा की,
सफर तनहा समंदर का फिजूल होता है ...

हमने देखी है किरनें शाखों से झांकते,
अंधेरे खत्म करने का जायजा लेती हुई,
सफ़र रखना जारी हर हाल में जरूरी है,
रहमते दिल से हर सबब कबूल होता है...

16. तय किया

तेरे ख़यालों को ना आने दूँगा मेरे ख़यालों में,
तय यही किया था कभी ये मैंने ख़यालों में,
क्या यक़ीनन ये हासिल कर पाया हूँ मै,
अब ये सोचता हूँ हर वक्त मेरे ख़यालों में...

महक अभी भी बरक़रार है मेरी हर सांस में,
सजाए रक्खें थे जो गजरे तुमने बालों में...

था कौनसा पल वो जब ना तुझे याद किया,
हर गुजरते लम्हें से पूछता यही सवालों में...

मैं खुदीको भुलाने में यक़ीनन मसरूफ रहा,
ना भूला सका तेरे ख़याल इतने सालों में...

17. शोरगुल

शोरगुल था इतना शहर की गलियों में,
सिसकियाँ धड़कनों की सुन ना पाए,
इस कदर गुम हो गए भीड़ में जहाँ की,
ख़ुद अपने आप को भी ढूँढ ना पाए...

वक़्त की आंधियां चलती रही सफ़र में,
रेत ही रेत सेहरा में उड़ती रही चारसू,
दिए कई मौके दौरे ज़िंदगी ने वक्त पर,
पलकों को समय पर हम मूंद ना पाए...

लोग मिलते गए काफ़िले चलते रहे,
साथ ही सेहरा में तिश्नगी बढ़ती गयी,
प्यास ऊमडती ही रही एहसास की,
वक्त पर मगर दरिया से एक बूँद ना पाए...

18. मुज़रिम

जिंदगीभर तेरे मुजरिम ही हम कहलाएंगे,
तेरी नजरों से बचकर अब किधर जाएंगे ...

बिछाये रक्खी है तूने तो गुलों की चादर,
बेख़बर शोलों पर खुले पांव निकल जाएंगे...

तूने कसमें तो दिला दी है जहाँ भर की,
हम ही ऐसे हैं ना किसी डोर से सील पाएंगे...

सम्हाल रक्खी है तूने लौ जो आँधियों में भी,
कौन जाने के हम इसमें ही पिघल जाएंगे...

समेट रक्खी है तेरी वफ़ा ने मेरी दुनिया,
बेवफ़ा हम हैं जहाँ भर में बिखर जायेंगे...

19. इश्क

कुछ बातों के मतलब नहीं ढूंढ़ा करते यहां,
इश्क़ में हर बात बेवजह ही मजा देती है,
तलाश में था सुकून की अब तक मैं जहाँ में,
उसकी मोहब्बत में हूँ तो अब यही सज़ा देती है...

सोचता था की मैं प्यार की कोई राह ना चुनू,
लेकिन कुछ सोच पाने का ये वक़्त कहाँ देती है...

पता नहीं किस कदर अब आजमाएगी ये मुझे,
सुना है प्यार में आशिकी खूब आजमा लेती है...

मैं आशिकों को जाने क्यों नाकारा कहता था,
ना जाने ये दुनिया अब मुझे क्या अता देती है...

एक ठहराव था अब तक यहाँ मेरी दुनिया में,
ना जाने अब ये इश्क़ की लहरें कहाँ बहा देती है...

20. उसकी बातें

सुकून मिलता है अलग ही उसकी बातें सुनकर,
समेटती है रूह से दिल तक सच्चे धागे बुनकर!
मैं सम्हाल नहीं पा रहा था खुदको इस सफ़र में,
उसने हाथ थाम लिया चुपके से आगे बढ़कर...

ख़याल उसके जैसे पंख जज़्बातों को लगाते है,
छु लेते हैं अंबर को इन्हीं पर सवार सारे उड़कर...

अब फ़िक्र किसी बात की महसूस नहीं दिलबर,
सौप दी मेरी दुनिया तेरे हवाले आँखें मूंदकर...

21. मज़ा

भीगना बारिशों में कुछ मज़ा और देने लगा,
जबसे ख़यालों में भीग मै तेरे जाने लगा,
मैं सुनाना चाहता था कुछ अनछुए अल्फाज,
शब्दों के सागर में इसी ख़ातिर तैर जाने लगा....

महसूस कर सके तू मेरे एहसासों की कशिश,
किसी ना किसी बहाने से करीब तेरे आने लगा...

पहरों बीतने लगे बगीचों में अब राह ताकतें,
मज़ा पल पल में इन्तेज़ार का अब आने लगा...

ख़त्म बातें ना हो और उसको लौट जाना पडे,
बिनबात ही हर बात मैं तब आगे बढ़ाने लगा...

www.ingramcontent.com/pod-product-compliance
Lightning Source LLC
Chambersburg PA
CBHW070655240926
51846CB00003BA/931
* 9 7 8 9 3 7 5 4 3 7 2 3 9 *